Grandes Découvertes | numéro **3**

JAMES COOK
ET L'EXPLORATION DU PACIFIQUE

—— Les débuts
de la colonisation
de l'Australie

par Romain Parmentier

50MINUTES

Avec la collaboration de Pierre Frankignoulle

JAMES COOK

- **Naissance ?** Le 27 octobre 1728 à Marton-in-Cleveland (Yorkshire)
- **Décès ?** Le 14 février 1779 dans la baie de Kealakekua (Hawaii)
- **Buts de l'expédition ?**
    - Observer le passage de Vénus devant le Soleil
    - Trouver l'emplacement du continent austral
    - Explorer l'océan Pacifique
- **Régions du monde explorées ?**
    - 1er voyage : l'océan Pacifique, Tahiti, la Nouvelle-Zélande, l'Australie
    - 2e voyage : le cercle polaire Antarctique, l'océan Pacifique, la Nouvelle-Zélande, Tahiti, l'île de Pâques, les Marquises, les Nouvelles-Hébrides, la Nouvelle-Calédonie, la Géorgie du Sud, les îles Sandwich du Sud
    - 3e voyage : les îles Crozet et Marion, les îles Kerguelen, la Nouvelle-Zélande, Tahiti, l'île Christmas, les îles d'Hawaii, la côte Ouest de l'Amérique du Nord, le détroit de Béring, l'océan Pacifique
- **Découvertes notoires ?**
    - L'insularité de la Nouvelle-Zélande
    - La côte Est de l'Australie
    - La Nouvelle-Calédonie
    - La Géorgie du Sud
    - Les îles Sandwich du Sud
    - L'île Christmas
    - Les îles d'Hawaii

Le 26 août 1768, un insignifiant bateau à charbon quitte les côtes de l'Angleterre en direction de l'immense océan Pacifique. À son bord se trouvent 94 hommes sous le commandement d'un navigateur encore inconnu, le lieutenant James Cook. Pour ce dernier, d'origine modeste, ce voyage dans les lointaines mers du sud est probablement l'unique occasion de faire ses preuves.

Officiellement, l'expédition a pour objectif d'observer un phénomène astronomique rare : l'éclipse suscitée par l'interposition de Vénus entre la Terre et le Soleil. Mais l'enjeu est en réalité bien plus important. James Cook est chargé secrètement de rechercher un continent austral mythique que l'on dit pourvu de richesses innombrables. Sa réussite permettrait à l'Angleterre de dominer le Pacifique et ce continent inconnu. S'il ne parvient pas à accomplir cette mission, James Cook redessine toutefois les cartes du grand océan et repousse les limites du monde connu.

Trois expéditions seront nécessaires à ses travaux. Malgré les tempêtes, le froid, les maladies et les indigènes cannibales, chacune d'entre elles permet d'accroître les connaissances dans de nombreux domaines scientifiques, tels que l'astronomie, la botanique, la zoologie et naturellement la géographie. Du nord au sud et d'est en ouest, le navigateur parcourt les nombreuses îles du grand océan. Au terme de ses voyages, James Cook stabilise définitivement les cartes de cette région du monde, devenant le père du Pacifique.

BIOGRAPHIE

UN AVENIR PROMETTEUR

Né le 27 octobre 1728 dans une chaumière en torchis dans le Yorkshire, James Cook est le fils d'un simple cultivateur. Aidant son père dans les travaux agricoles durant son enfance, il finit par devenir l'apprenti d'un épicier à l'âge de 17 ans. Mais cette carrière ne convient pas au jeune homme. L'année suivante, il s'engage comme mousse sur un cargo chargé du transport naval du charbon le long des côtes. C'est durant ces années de labeur que James Cook apprend l'art de la navigation. Promis à un bel avenir dans le métier, sa carrière prend un tournant décisif avec le début de la guerre de Sept Ans (1756-1763), opposant la France à l'Angleterre.

DES DONS INSOUPÇONNÉS

En juillet 1755, bien qu'il soit dispensé de servir dans l'armée, James Cook décide de s'engager dans la *Royal Navy* et est placé sous les ordres de sir Hugh Palliser (amiral anglais, 1723-1796). Ce dernier fait de James Cook son protégé et ne cessera de vanter ses mérites.

Avide de connaissances, le jeune homme entend combler ses lacunes et développe de véritables dons pour la cartographie, la géographie et l'astronomie. Envoyé au Canada dès 1757, il est chargé de cartographier le fleuve Saint-Laurent. En juin 1759, il fait partie de l'expédition visant à prendre possession de la ville de Québec en gardant les vaisseaux. Une fois la guerre terminée en 1763, James Cook retourne au Canada et dresse durant quatre ans la cartographie de Terre-Neuve. S'adonnant également à l'astronomie, il rédige en 1766 un mémoire sur une éclipse solaire. C'est par ce biais que la *Royal Society* (la société royale de Londres pour l'amélioration du savoir naturel) prend connaissance de l'existence du navigateur.

LES EXPÉDITIONS

En 1768, la *Royal Society* souhaite mettre sur pied une expédition astronomique dans l'hémisphère sud visant à observer le passage de Vénus devant le Soleil. Sur les conseils de sir Hugh Palliser, c'est James Cook qui est choisi pour conduire la mission à Tahiti. Le navigateur prend le départ le 26 août 1768.

Arrivé à bon port en avril 1769, il a l'occasion de réaliser les observations demandées en juin. Mais l'expédition comporte également un projet secret : trouver la *Terra Australis Incognita*. Ce continent légendaire suscite la convoitise en raison des nombreux trésors qu'il renfermerait. James Cook poursuit donc son chemin, mais ces terres restent introuvables. Il atteint par contre la Nouvelle-Zélande, qu'il cartographie, de même que la côte Est de l'Australie, dont il prend possession au nom de l'Angleterre.

De retour en juillet 1771, il repart un an plus tard avec le même objectif. Pour la première fois, des Européens passent le cercle polaire Antarctique et longent la banquise, mais renoncent à l'idée d'un continent austral pourvu de richesses. Poursuivant l'exploration du Pacifique Sud, James Cook découvre la Nouvelle-Calédonie, avant de rentrer en juillet 1775.

Un an plus tard, le navigateur repart pour un troisième voyage afin d'explorer le Pacifique Nord et trouver un passage maritime dans cette région. L'expédition aboutit à la découverte des îles Sandwich (actuel archipel d'Hawaii), mais le détroit de Béring, pris par les glaces, reste infranchissable. De retour à Hawaii, James Cook trouve la mort le 14 février 1779 suite à une querelle avec les indigènes de l'île.

CONTEXTE POLITIQUE, SOCIAL ET ÉCONOMIQUE

LE SIÈCLE DES LUMIÈRES ET LES RECHERCHES SCIENTIFIQUES

Tout au long de sa vie, James Cook a pour objectif de repousser les limites de la connaissance. Loin d'être isolé, l'explorateur s'inscrit dans un mouvement intellectuel que l'on nomme « le siècle des Lumières » et qui prend place en Europe dès la fin du XVIIe siècle et durant tout le siècle suivant. Ce mouvement idéologique se définit avant tout comme une lutte acharnée des philosophes et des intellectuels européens contre l'obscurantisme religieux ou étatique. La compréhension de l'univers ainsi que la diffusion des savoirs deviennent donc les maîtres mots des philosophes. Il en résulte une augmentation du nombre des recherches dans tous les domaines de la science de même qu'une vulgarisation du savoir scientifique à travers les encyclopédies.

L'Angleterre fait partie des premières nations qui encouragent le progrès de l'humanité. Les Lumières y sont caractérisées par une série d'avancées techniques dans les domaines agricole, industriel, nautique, médical, etc. En science notamment, Isaac Newton (physicien, mathématicien et astronome anglais, 1642-1727) révolutionne la physique et notre compréhension du monde en mettant par écrit sa théorie de l'attraction universelle (loi fondamentale de la gravitation). De nombreux scientifiques lui emboîtent le pas, lançant une véritable course à la connaissance.

C'est d'ailleurs cet engouement scientifique qui est à l'origine de la première expédition de James Cook. L'astronome et physicien anglais Edmond Halley (1656-1742) annonce en effet que la planète Vénus passera devant le Soleil en 1769. Cet événement, extrêmement rare, doit permettre de déterminer la distance entre la Terre et le Soleil et, a fortiori, les mesures de l'ensemble du système solaire. L'occasion est donc toute trouvée pour mettre sur pied plusieurs expéditions scientifiques dans des régions géographiques différentes afin de réunir des conditions d'observation optimales.

Cette incroyable soif de savoir pousse donc les intellectuels d'Europe à explorer les différentes régions du monde. Aucun domaine de la science ne sera laissé de côté : avec le XVIIIe siècle s'ouvre l'ère des grandes expéditions scientifiques.

LA GUERRE DE SEPT ANS ET SES CONSÉQUENCES

La seconde moitié du XVIIIe siècle se caractérise également par la rivalité entre la France et l'Angleterre. Cette dernière dispose d'un important empire colonial, situé principalement en Amérique du Nord. La France détient, quant à elle, d'importants territoires au Canada et en Louisiane. Mais l'une comme l'autre entend étendre sa domination en Amérique au détriment de l'autre, et ces tensions finissent par déboucher sur un conflit armé : la guerre de Sept Ans.

Ce conflit, qui va profondément redéfinir les rapports de force entre les deux grandes puissances, s'étend à l'Europe entière. En effet, le royaume de Prusse entre également en conflit avec l'Autriche pour le contrôle de la Silésie (sud-ouest de la Pologne). En 1756, la guerre fait donc rage sur les deux terrains : en Europe pour la Prusse et l'Autriche, en Amérique et aux Indes pour la France et l'Angleterre. Très vite, Québec et Montréal tombent entre les mains des Britanniques, ainsi que les comptoirs commerciaux des Français aux Indes. Face à ces échecs militaires, le roi de France Louis XV (1710-1774) se résigne à signer le traité de paix de Paris avec l'Angleterre le 10 février 1763.

Les conséquences du conflit sont nombreuses. Le Canada revient aux Britanniques, mettant fin à la première expérience coloniale française. La victoire anglaise consacre également l'Angleterre comme première puissance maritime mondiale. Toutefois, de lourdes conséquences économiques sont également à mettre en avant. La guerre a fortement affaibli les belligérants, y compris les vainqueurs qui doivent augmenter les taxes dans les colonies. Cette politique économique déclenchera la révolte des colons américains débouchant, quelques années plus tard, sur la guerre d'indépendance des États-Unis (1775-1783).

La rivalité entre l'Angleterre et la France ne cesse toutefois pas avec la guerre de Sept Ans. En effet, une nouvelle zone du monde devient le théâtre de toutes les compétitions : le Pacifique, dans lequel se trouverait le continent austral. Cette lutte s'exprime notamment par les expéditions de James Cook côté anglais, de Louis Antoine de Bougainville (navigateur français, 1729-1811) et de Jean-François de Lapérouse (navigateur français, 1741-1788) côté français.

À LA RECHERCHE DE LA *TERRA AUSTRALIS INCOGNITA*

À l'aube du siècle des Lumières, de grandes portions des océans et de la surface de la Terre restent encore inexplorées. C'est notamment le cas de l'intérieur du continent africain, du nord-ouest de l'Amérique du Nord, du nord et du nord-est de l'Asie, des mers polaires et du Pacifique. Avec le temps, chaque contrée finit par être explorée, mais à l'époque de James Cook, le Pacifique est jugé prioritaire.

Cet océan, dont les cartes sont encore peu précises, pourrait s'avérer un atout commercial important pour celui qui en dominera les eaux. Les Espagnols en ont d'ailleurs déjà fait l'expérience avec la liaison maritime qui relie Manille (aujourd'hui capitale des Philippines) à Acapulco (Mexique), connectant ainsi les Indes avec l'Amérique. Mais, au XVIIIᵉ siècle, bon nombre de géographes sont convaincus qu'il existe encore un immense continent à découvrir – *la Terra Australis Incognita* – qui se trouve dans l'Atlantique Sud et principalement dans le Pacifique.

Le mythe de ces terres situées dans les mers australes remonte à l'Antiquité. Pour les géographes de l'époque, tels que Claude Ptolémée (savant grec, 100-170), l'importance des continents situés dans l'hémisphère nord devait être équilibrée par une vaste masse continentale dans l'hémisphère sud. Tout au long de l'époque moderne, les cartographes ne manquent pas d'indiquer cet hypothétique continent sur leurs cartes. Il est, le plus souvent, représenté entourant le pôle Sud, avec des terres qui se prolongeraient ensuite dans l'immensité du Pacifique Sud. Pour certains, les indices sur son existence sont évidents. Lorsqu'au XVIᵉ siècle, des navigateurs hollandais découvrent la Nouvelle-Guinée et l'Australie, ils sont certains d'avoir découvert une partie de la *Terra Australis*. Les recherches sont toutefois interrompues par les préoccupations économiques dans les Indes et en Amérique. Le mythe reste donc entier.

Au XVIIIᵉ siècle, les recherches reprennent. La richesse supposée de cette terre suscite la convoitise de la France et de l'Angleterre. Pour la France, la découverte de la *Terra Australis Incognita* représente une nouvelle chance de créer un empire colonial après la perte du Canada. Alors que, pour l'Angleterre, la possession d'un tel continent lui assurerait la domination du Pacifique. Mais un tel continent existe-t-il réellement dans les mers du sud ? La question reste entière.

L'EXPÉDITION

LES PRÉPARATIFS

Lorsque la *Royal Society* décide de mener une expédition dans l'hémisphère sud, rien n'est encore gagné pour James Cook. En effet, leur choix se porte d'abord sur Alexander Dalrymple (hydrographe et navigateur britannique, 1737-1808), véritable expert du Pacifique. Mais ce dernier exige d'être nommé capitaine alors qu'il ne fait pas partie de la marine, ce que refuse l'amirauté. L'autodidacte James Cook est alors choisi. Cependant, n'ayant jamais entrepris un voyage aussi long, le navigateur de 40 ans a encore tout à prouver. Il est donc nommé lieutenant pour l'occasion.

Une fois le problème du commandement résolu, il reste encore à trouver un navire pour effectuer le voyage. Le choix de James Cook se porte sur un type de navire qu'il connaît bien : le charbonnier. La capacité du cargo dont la coque est doublée de bois s'avère suffisante non seulement pour les vivres, mais aussi pour les besoins scientifiques de l'expédition : salle des cartes, laboratoire, cages et soutes pour entreposer les collections. Les espaces de vie des marins y sont par contre plus réduits. Le vaisseau choisi est baptisé *Endeavour* (terme anglais signifiant « tentative »). Il s'agit d'un trois-mâts d'une capacité de 366 tonneaux, d'une longueur d'environ 30 mètres sur une largeur d'environ 9 mètres. Contrairement aux pratiques de l'époque, le navire part seul, au risque de ne recevoir aucun secours en cas de problème.

Bien que les longs voyages en mer restent dangereux, la *Royal Navy* met à la disposition de James Cook tous les hommes nécessaires. Le navigateur peut ainsi compter sur 94 hommes, dont 12 soldats et 11 civils. À une époque où la science occupe une place de plus en plus importante dans la société, les astronomes, les naturalistes et les dessinateurs scientifiques sont désormais des incontournables des expéditions. Parmi ces derniers, il convient d'évoquer Joseph Banks (naturaliste britannique, 1743-1820), un jeune homme riche et amateur de science, qui finance une grande partie de l'expédition en payant sa place à bord 10 000 livres (l'équivalent de plus d'un million d'euros). Fort de cette équipe, James Cook peut enfin prendre le départ et saisir l'occasion de faire ses preuves.

OBSERVER LE TRANSIT DE VÉNUS

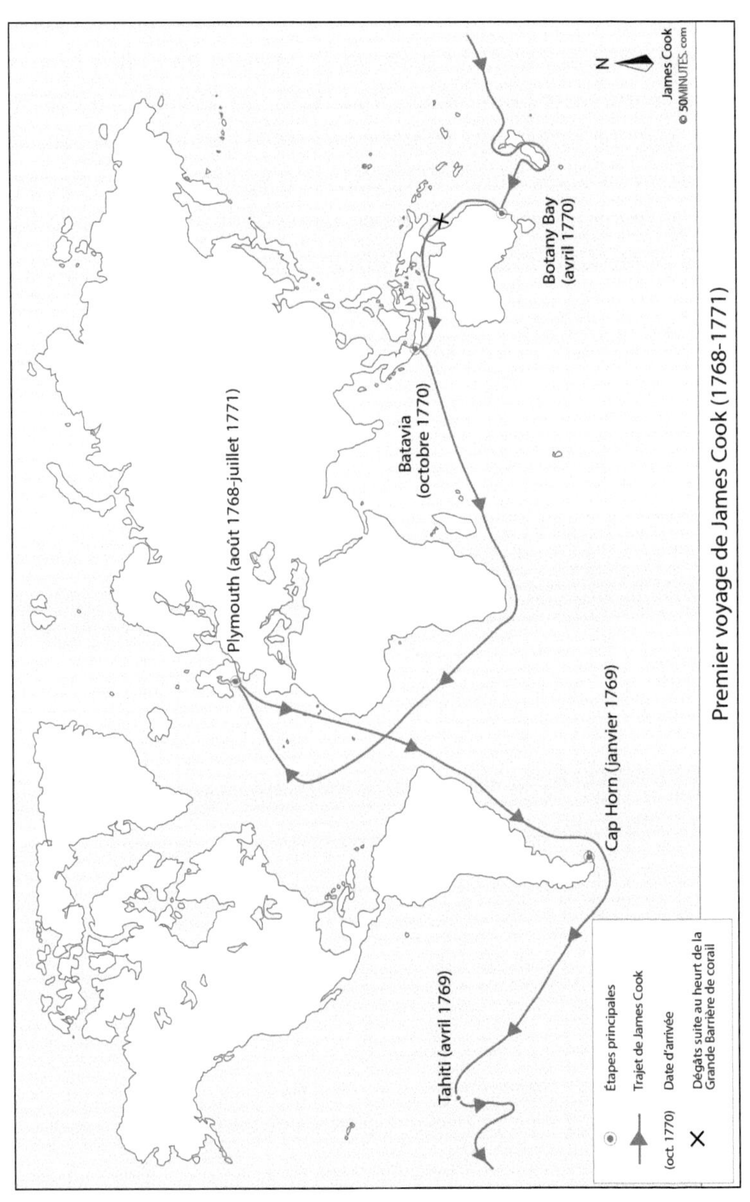

C'est dans de bonnes conditions que l'*Endeavour* quitte Plymouth (port d'Angleterre) le 26 août 1768. Comme bon nombre de ses prédécesseurs, James Cook souhaite atteindre le Pacifique en contournant l'Amérique latine. Il y parvient le 14 novembre. S'ensuit une descente le long des côtes jusqu'à la Terre de Feu (archipel situé à l'extrême sud du continent sud-américain). Les conditions de navigation sont de plus en plus difficiles : aux paysages désolés s'ajoutent tempêtes et vent glacial. Le 25 janvier, James Cook contourne le cap Horn, réputé pour être le passage maritime le plus dangereux du globe avec ses vents violents. Après trois tentatives, le Pacifique s'ouvre enfin devant lui.

La traversée de ce grand océan n'en demeure pas moins très longue. C'est d'ailleurs durant cette période que les risques de maladie sont les plus nombreux, notamment à cause du manque d'escales. Le scorbut fait encore des ravages à bord des bateaux. Cette maladie, provoquée par une carence en vitamine C, fait gonfler les gencives, déchausse les dents et provoque l'apparition d'ulcères jusqu'au pourrissement de la bouche. Elle est peu maîtrisée à l'époque, mais James Cook entend néanmoins combattre ce fléau, en ayant recours à toute une série d'antiscorbutiques, mais surtout à de la choucroute, qui sans le savoir est riche en vitamine C. Certes, des hommes meurent au cours de l'expédition, mais grâce au régime strict et aux exigences d'hygiène imposés par James Cook, aucun ne succombe à cette maladie : pour l'époque, c'est un véritable exploit. Enfin, après plusieurs mois de voyage, l'*Endeavour* arrive à Tahiti le 11 avril 1769.

Ayant atteint son premier objectif, James Cook doit à présent attendre le transit de Vénus, lequel n'aura lieu que dans trois mois. Le séjour à Tahiti est cependant loin d'être ennuyeux. L'endroit est en effet paradisiaque et les Tahitiens, aux mœurs légères, sont des plus amicaux. Hormis quelques larcins, les relations entre la population locale et les explorateurs sont excellentes. Par précaution, James Cook ordonne toutefois la construction d'un fortin qu'il baptise Fort-Vénus. Ces trois mois sont également l'occasion pour le navigateur d'étudier la culture tahitienne, tandis que les naturalistes observent et dessinent la faune, la flore et les minéraux locaux, qu'ils collectent. Progressivement, l'*Endeavour* se remplit de centaines de plantes et d'animaux exotiques.

Le 3 juin, le ciel est parfaitement dégagé pour observer le passage de Vénus, et James Cook remplit sa mission en effectuant les mesures nécessaires. Ravitaillé, l'*Endeavour* quitte Tahiti le 13 juillet. Pendant encore un mois, James Cook parcourt l'archipel d'îles se trouvant à proximité, qu'il nomme « îles de la Société » en l'honneur de la *Royal Society*.

L'INSAISISSABLE CONTINENT AUSTRAL

Il est désormais temps pour l'expédition de remplir la seconde partie de sa mission, à savoir trouver la *Terra Australis Incognita*. Les instructions, tenues secrètes, sont claires : faire route au sud jusqu'à la 40e latitude. Après trois semaines de navigation dans l'inconnu, le continent reste introuvable. James Cook met alors cap vers l'ouest. Le 7 octobre 1769, la terre réapparaît enfin. Pendant un moment, tous pensent avoir découvert le mythique continent austral empli de richesses. Le navigateur s'efforce donc d'en cartographier les côtes, mais très vite l'espoir s'évanouit : les terres découvertes correspondent en réalité à la Nouvelle-Zélande, repérée il y a plus d'un siècle par Abel Tasman (navigateur néerlandais, 1603-1659). Si James Cook n'a pas trouvé ce qu'il cherchait, il est toutefois le premier à dresser une carte précise de la Nouvelle-Zélande, à en explorer ses terres et à en côtoyer ses habitants, les belliqueux Maoris. Après des mois d'observation, il est temps de reprendre le chemin de l'Angleterre. L'*Endeavour* étant trop fragilisé pour affronter le cap Horn, James Cook décide de rentrer par les Indes.

Le 19 avril 1770, la Nouvelle-Hollande (Australie) est en vue. Cette terre déjà connue est encore très peu exploitée. La côte Est par laquelle arrive James Cook n'a d'ailleurs jamais été cartographiée ou explorée. Le navigateur entend bien corriger cette lacune et accoste dans une baie rebaptisée *Botany Bay* pour la richesse de sa faune et de sa flore. L'ensemble de la côte Est est rebaptisé « Nouvelle-Galle du Sud » et James Cook en prend possession au nom du roi. Comme pour la Nouvelle-Zélande, le navigateur et son équipe récoltent le plus d'informations possible et rencontrent la population locale.

Remontant vers le Nord, l'*Endeavour* se trouve confronté à un nouveau danger : la Grande Barrière de corail. Le navire se trouve pris au piège des récifs et, le 10 juin dans la nuit, c'est le drame. Le cargo heurte et se fixe à la barrière de corail. Deux jours sont nécessaires pour le dégager. Les dégâts sont importants. L'eau s'immisce sur un mètre dans le paquebot, malgré les tentatives pour combler la brèche. James Cook doit donc accoster afin d'effectuer les réparations. Entre-temps, l'exploration à terre se poursuit. Fin juin, l'expédition découvre un étrange animal qui se déplace très vite en sautant. Demandant aux aborigènes quel est cet animal, James Cook entend le mot « kangaroo » et pense qu'il s'agit de son nom. En réalité, ce mot signifie « je ne sais pas » dans la langue de la tribu. Il n'empêche que le mot « kangourou » désigne désormais l'animal sauteur.

Une fois les réparations de fortune effectuées, James Cook reprend la mer dans l'idée d'atteindre les Indes. Fin août, l'expédition parvient à sortir de la Grande Barrière et passe le détroit de Torres. James Cook démontre ainsi que la Nouvelle-Hollande est bel et bien séparée de la Nouvelle-Guinée. Le 11 octobre, l'*Endeavour* atteint Batavia (Jakarta), où de nouvelles réparations peuvent être effectuées. L'insalubrité de la ville a cependant raison de nombreux marins qui succombent à diverses maladies. Enfin, le 26 décembre 1770, le navire reprend le chemin du retour et rentre triomphant en Angleterre le 12 juillet 1771.

AU-DELÀ DU MONDE CONNU

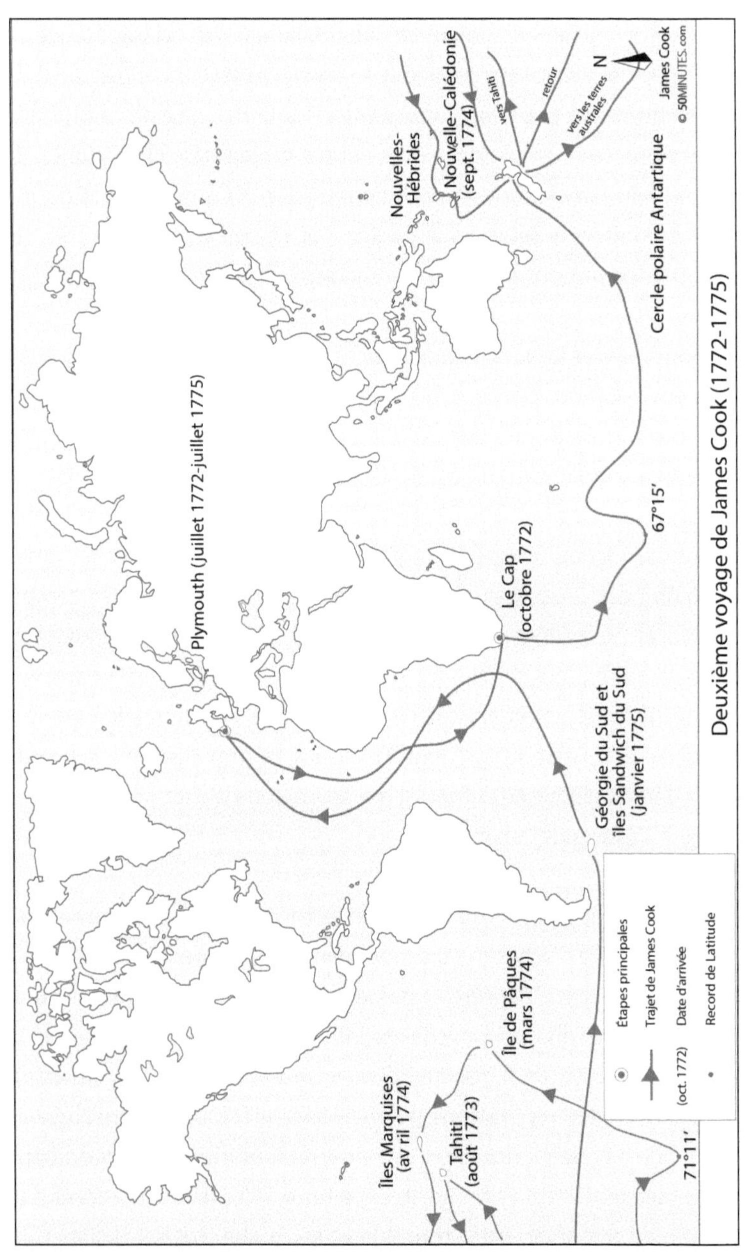

Deuxième voyage de James Cook (1772-1775)

L'expédition de James Cook est un véritable succès et les résultats scientifiques sont immenses. Il n'en faut pas plus pour financer un nouveau voyage. James Cook, désormais commandant, reprend donc la mer le 13 juillet 1772. Conscient des dangers de son voyage précédent, il part avec deux navires : le *Resolution*, dont il prend le commandement, et l'*Adventure*. L'objectif de l'expédition : poursuivre la recherche du continent austral.

Fin octobre, les deux paquebots se trouvent au Cap et le 23 novembre, James Cook ordonne le départ vers l'inconnu, cap plein sud. Très vite les conditions à bord deviennent difficiles. Le froid est intense et recouvre les mâts et les voiles de glace. Des icebergs entourés de brume menacent à tout moment les vaisseaux. Le 17 janvier 1773, après des semaines de navigation périlleuse, l'expédition dépasse le cercle polaire Antarctique : c'est une première dans l'histoire. Toutefois, à 67° 15' de latitude, le parcours des vaisseaux est stoppé par la banquise. James Cook décide alors de rejoindre des eaux plus chaudes, mais, le 8 février, les deux navires se perdent dans le brouillard. Ils se donnent alors rendez-vous au canal de la Reine-Charlotte, en Nouvelle-Zélande. Pendant plusieurs semaines, le *Resolution* navigue donc seul, et ce n'est que le 25 mars 1773 que la Nouvelle-Zélande est enfin en vue. Cependant, James Cook ne rejoint pas immédiatement l'*Adventure*, préférant poursuivre l'exploration de l'île. Les deux navires se retrouvent finalement à la mi-mai 1773.

Le 7 juin, l'expédition repart et se dirige vers Tahiti, qu'elle atteint le 16 août. Les navires prennent ensuite la direction du sud-ouest et atteignent les îles des Amis (les actuelles îles Tonga), avant de retrouver la Nouvelle-Zélande fin octobre. Descendant la côte vers le canal de la Reine-Charlotte, les deux navires sont à nouveau séparés par une violente tempête et ne se retrouveront plus. En effet, après plusieurs jours d'attente dans le canal, James Cook décide de partir le 25 novembre sans l'*Adventure* qui arrive six jours plus tard. L'expédition tourne alors au cauchemar pour ce vaisseau. Après avoir accosté, dix hommes de l'équipage partent récolter des plantes comestibles et sont attaqués par des Maoris. Ne les voyant pas revenir, d'autres partent à leur recherche et constatent avec horreur que les malheureux ont été dépouillés pour ensuite être mangés. Choqué par ce spectacle et en sous-effectif, l'équipage décide de rentrer en Angleterre.

Pour le *Resolution*, l'aventure se poursuit. L'équipage est bien décidé à atteindre enfin les terres australes. Le 12 décembre, d'immenses icebergs apparaissent devant le paquebot. Les températures très basses font geler tout ce qui se trouve sur le pont, rendant le travail des matelots extrêmement pénible. Le 30 janvier 1774, un nouveau record de latitude est atteint, à savoir 71° 11'. Devant les yeux de James Cook, la banquise s'étend de nouveau à perte de vue. Poursuivre le voyage s'avère trop dangereux. Avec ce constat, c'est tout le mythe de la *Terra Australis Incognita* qui s'effondre : les terres au climat tempéré qui regorgent de richesses n'existent pas. Pourtant James Cook reste persuadé qu'il doit y avoir des terres autour du pôle Sud, mais ces dernières sont inhabitables.

En mars 1774, il rejoint l'île de Pâques. Poursuivant vers l'ouest, il atteint les îles Marquises et repasse par Tahiti. Le voyage se poursuit en direction des Nouvelles-Hébrides et le 5 septembre 1774, l'explorateur anglais découvre la Nouvelle-Calédonie. Enfin après un dernier passage par la Nouvelle-Zélande, James Cook prend le chemin du retour par le cap Horn, découvrant par ailleurs la Géorgie du Sud et les îles Sandwich du Sud. Le 30 juillet 1775, il est de retour en Angleterre.

À LA RECHERCHE DU PASSAGE DU NORD

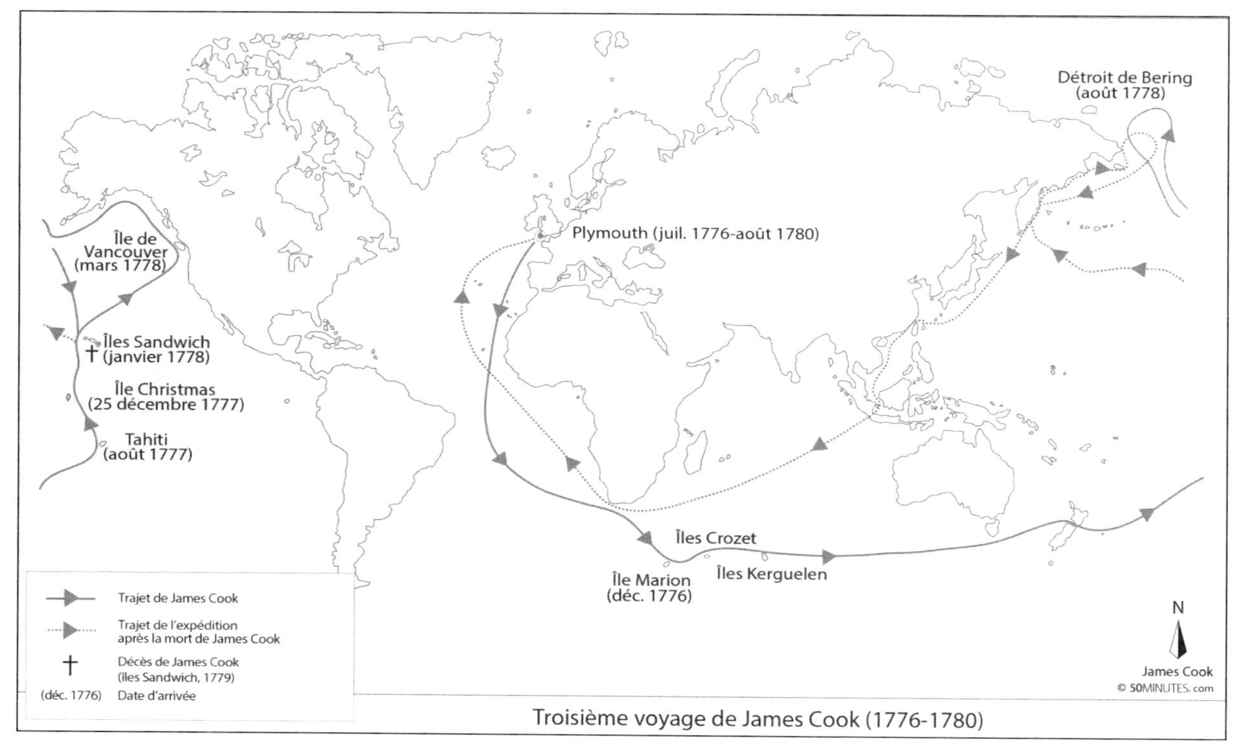

Grâce aux voyages de James Cook, le Pacifique Sud est désormais bien connu, mais la partie septentrionale reste encore à explorer. L'Europe s'interroge d'ailleurs sur l'existence d'un éventuel passage maritime en mer Arctique contournant l'Amérique au nord. C'est dans ce but que James Cook reprend la mer à bord du *Resolution*, accompagné cette fois par le *Discovery*, le 12 juillet 1776.

Après être passé successivement par les îles Marion et Crozet, puis par les îles Kerguelen et la Nouvelle-Zélande, James Cook aborde Tahiti en août 1777. Il met ensuite le cap sur le nord. Le 25 décembre, le navigateur découvre une île qu'il baptise « Christmas ». Le 20 janvier 1778, de nouvelles îles apparaissent. Il s'agit de l'archipel d'Hawaii encore inexploré et pour l'heure nommé « îles Sandwich ». Au grand étonnement de James Cook, les habitants y parlent une langue proche du tahitien, ce qui témoigne de l'incroyable expansion de la civilisation polynésienne dans le Pacifique.

Le 2 février, l'expédition poursuit sa route vers le nord. Début mars, elle atteint la côte Nord-Ouest du continent américain à proximité de l'île de Vancouver. Après un séjour dans la baie de Nootka, James Cook entreprend de remonter le littoral. Le 18 août 1778, le *Resolution* se trouve devant le détroit de Béring. Toutefois, le passage du Nord est bloqué par les glaces de l'Arctique, ce qui contraint James Cook à faire demi-tour et à rejoindre les îles Sandwich pour hiverner. Le 17 janvier 1779, il jette l'ancre sur l'île la plus importante, Owhyhee (Hawaii), dans la baie de Kealakekua.

Ce jour-là, les indigènes célèbrent justement Lorono, le dieu de la paix. L'arrivée de James Cook est donc très remarquée et il est accueilli comme un dieu. Après plusieurs semaines de fête, l'expédition reprend sa route. Le 4 février, alors qu'elle vient tout juste de quitter la baie, une tempête endommage le *Resolution*. James Cook retourne alors à Hawaii afin de faire les réparations nécessaires, mais cette fois l'accueil est glacial. Le temps de Lorono est passé et c'est Ku-Kaili-Moku, le dieu de la guerre, qui est maintenant mis à l'honneur. Le retour de James Cook est donc très mal perçu et la colère des indigènes gronde : ceux-ci sont fatigués de voir leurs provisions volées par les étrangers.

Des incidents et des vols ont lieu et, le 14 février, après un ultime larcin, James Cook décide de prendre en otage le chef du village afin de récupérer les objets dérobés. La tension est à son comble. Craignant pour la vie de leur chef, les Hawaïens se montrent agressifs. Pour les effrayer, les Britanniques tirent dans leur direction avec leurs fusils et une balle finit par toucher l'un des chefs de la tribu, provoquant un véritable combat. James Cook tente de rejoindre la chaloupe et ordonne à ses soldats de cesser le feu. Mais, au même moment, un indigène le poignarde dans le dos. Le navigateur tombe et d'autres profitent de l'occasion pour le poignarder à leur tour. Son corps est ensuite emmené par les indigènes sous le regard impuissant de l'équipage. Ce n'est qu'après plusieurs jours que les Britanniques ont l'occasion de récupérer les restes de leur chef – qui a sans doute été livré aux cannibales – qui sont ensuite jetés à la mer.

Suite à ce terrible drame, l'expédition continue néanmoins sa mission. Les deux navires tentent de franchir à nouveau le détroit de Béring en juin 1779. L'avancée est certes plus importante que l'année précédente, mais la banquise finit par bloquer une fois de plus l'expédition, qui est contrainte de renoncer au passage du Nord. Ne pouvant aller plus loin, les deux navires de James Cook rebroussent chemin et atteignent l'Angleterre le 22 août 1780. L'homme du Pacifique n'est plus, mais son héritage est colossal.

RÉPERCUSSIONS

LA COLONISATION DE L'AUSTRALIE

Si pendant plusieurs siècles, les Espagnols ont été les maîtres du Pacifique – comme en témoigne l'importante liaison commerciale entre Manille et Acapulco –, les nombreuses expéditions françaises et anglaises mettent fin à ce monopole. La somme de connaissances apportée par James Cook sur cette région du monde permet à l'Angleterre de s'implanter dans le Pacifique. En concurrence avec la France, les Anglais profitent de chaque possibilité pour accroître leur empire colonial.

Lors du premier voyage de James Cook, l'Australie devient propriété du royaume britannique en 1770. En quelques années, le pays sort de son isolement. Contrairement à une colonisation traditionnelle, les premiers Européens qui s'implantent en Australie sont des condamnés. L'Angleterre avait en effet pris l'habitude d'envoyer ses criminels dans des bagnes situés dans ses colonies d'Amérique. La révolution américaine et la naissance des États-Unis ayant mis fin à ces transferts, les Britanniques se tournent dès lors vers l'Australie.

Le 18 janvier 1788, un premier convoi de 717 condamnés, dont 188 femmes, arrive à Botany Bay, marquant ainsi les débuts modestes de la nation australienne. Dans les années qui suivent, des colons prennent également le chemin de l'Océanie, et dont ils n'hésitent pas à bouleverser le mode de vie. Peu à peu, les populations locales déclinent à mesure que le nombre d'Européens augmente. Après l'Australie, la Nouvelle-Zélande entre également dans l'escarcelle anglaise via le traité de Waitangi, en 1840.

DES DÉCOUVERTES SCIENTIFIQUES MAJEURES

Contrairement à bon nombre de ses prédécesseurs, James Cook n'était pas avide de profit, mais bien de connaissances. Ses trois expéditions ont donc eu des portées scientifiques importantes dans toute une série de domaines. Les mesures du transit de Vénus de 1769 prises à Tahiti et dans les autres parties du monde permettent, quelques années plus tard, de calculer avec une étonnante précision la distance qui sépare la Terre du Soleil. Les scientifiques de l'époque l'estiment à 151 millions de kilomètres (contre 149,6 millions de nos jours).

La botanique, la zoologie et la géologie se sont également beaucoup développées grâce aux expéditions de James Cook. Les naturalistes qui ont accompagné l'explorateur britannique ont en effet fortement contribué à l'accroissement des connaissances dans leur domaine respectif en analysant, étudiant et en collectant des milliers de spécimens inconnus d'origine végétale, animale, ou minérale. Ainsi, lors de son premier voyage, Joseph Banks et son équipe de scientifiques ramènent en Angleterre :

- plus de mille espèces de plantes ;
- des centaines d'insectes ;
- 500 poissons conservés dans de l'alcool ;
- 500 oiseaux empaillés ;
- plusieurs animaux terrestres empaillés dont le célèbre kangourou ;
- plusieurs centaines d'échantillons minéralogiques ;
- 1 300 dessins scientifiques de paysages, de plantes et d'animaux.

Le domaine culturel n'en est pas délaissé pour autant. En véritable ethnographe, James Cook s'est efforcé d'analyser et de décrire les mœurs, les coutumes et le langage des populations qu'il rencontrait. Les Tahitiens, les Maoris, les Aborigènes et les Hawaïens ont donc fait l'objet d'importantes descriptions. Il est également l'un des premiers à avoir mesuré l'étendue de la civilisation polynésienne à travers l'immensité du Pacifique, de la Nouvelle-Zélande à Hawaii et de l'île de Pâques aux Nouvelles-Hébrides. Les naturalistes ont également collecté des armes, des vêtements, des bijoux ou encore des instruments de musique, témoignant de la culture des lieux visités. À l'heure actuelle, ces descriptions et ces objets sont parfois les seuls témoignages qu'il nous reste de ces sociétés au XVIIIe siècle, avant qu'elles ne soient progressivement occidentalisées.

Enfin, James Cook a indéniablement contribué à une meilleure connaissance du Pacifique et des terres qui s'y trouvent. Il réalise ainsi des dizaines de cartes, dont les plus importantes sont celles de la Nouvelle-Zélande et de l'Australie. Ses expéditions mettent d'ailleurs fin au mythe du continent austral dans le Pacifique Sud. James Cook précise de même les mesures de longitude en recourant à des chronomètres, ce qui permet une précision accrue de la cartographie et de la navigation. Enfin, ses exigences d'hygiènes et son régime alimentaire strict à bord des navires ont contribué à une plus grande maîtrise du scorbut.

Véritable père du Pacifique, James Cook est ainsi resté dans les mémoires comme l'un des plus grands explorateurs de l'histoire. Ses voyages ouvrent de même la voie aux grandes expéditions scientifiques du XIXe siècle.

EN RÉSUMÉ

XVIe siècle	Premières cartes de l'Australie
29 janv. 1616	Franchissement du cap Horn par Willem Schouten et Jakob Le Maire
1642-1643	Découverte de la Tasmanie et de la Nouvelle-Zélande par Abel Tasman
27 oct. 1728	Naissance de James Cook
26 août 1768-12 juil. 1771	1er voyage, exploration de la Nouvelle-Zélande et de la côte est de l'Australie
13 juil. 1772-30 juil. 1775	2e voyage, passage du cercle polaire Antarctique
12 juil. 1776	Début du 3e voyage, exploration du Pacifique Nord
14 fév. 1779	Décès de James Cook à Hawaii
22 août 1780	Retour de l'expédition en Angleterre

- James Cook est né le 27 octobre 1728 à Marton-in-Cleveland, dans le Yorkshire. Attiré très tôt par la mer, il devient mousse sur un charbonnier avant de s'engager dans la *Royal Navy*. Il participe ainsi à la guerre de Sept Ans.

- Repéré par la *Royal Society*, il est choisi en 1768 pour prendre le commandement d'une expédition chargée d'observer le transit de la planète Vénus devant le Soleil. Des instructions secrètes lui sont également remises en vue de chercher la *Terra Australis Incognita*.

- Le 26 août 1768, le navigateur quitte le port de Plymouth à bord de l'*Endeavour*. Il est accompagné par toute une série de naturalistes chargés d'étudier les régions explorées.

- Une fois le terrible cap Horn franchi le 25 janvier 1769, James Cook prend la direction de Tahiti. L'île paradisiaque est atteinte le 11 avril, mais il faut encore attendre trois mois avant que n'ait lieu le transit. Enfin le 3 juin, James Cook effectue les mesures souhaitées.

- Le navigateur peut désormais se consacrer à la recherche du continent austral. Descendant vers le sud, James Cook suit les instructions de l'amirauté, mais ne trouve pas le continent. Mettant le cap à l'ouest, il atteint par contre la Nouvelle-Zélande le 7 octobre 1769, et décide de dresser une carte précise de ces îles.

- Il découvre ensuite, le 19 avril 1770, la côte Est de l'Australie qu'il cartographie également. Il prend de même possession de ce territoire au nom de la couronne britannique.

- De retour en Angleterre le 12 juillet 1771, James Cook repart un an plus tard pour une deuxième expédition avec le *Resolution* et l'*Adventure*. Cherchant toujours le continent austral, il dépasse le cercle antarctique, mais se trouve bloqué par la banquise le 17 janvier 1773.

- Après être repassé par la Nouvelle-Zélande et Tahiti, le navigateur tente une nouvelle fois d'atteindre le mythique continent, mais se heurte de nouveau à la banquise le 30 janvier 1774. Il découvre néanmoins la Nouvelle-Calédonie, la Géorgie du Sud et les îles Sandwich du Sud. Il rentre en Angleterre le 30 juillet 1775.

- L'année suivante, une troisième expédition est mise sur pied afin d'explorer le nord du Pacifique et le passage du Nord. En chemin, James Cook découvre les îles d'Hawaii. Voulant poursuivre sa route, il est à nouveau bloqué au détroit de Béring et contrait de faire demi-tour.

- Accueilli une première fois comme un dieu par les Hawaïens, le navigateur trouve néanmoins la mort dans la baie de Kealakekua sur l'île Owhyhee suite à une altercation avec les indigènes le 14 février 1779. Dépourvue de son chef, l'expédition retente de franchir le détroit de Béring, sans succès. Elle rentre alors en Angleterre le 22 août 1780.

- Les répercussions des expéditions de James Cook ne sont pas des moindres : en plus d'avoir permis à l'Angleterre de coloniser l'Australie, il fait progresser les sciences grâce aux espèces végétales, animales et minérales qu'il ramène dans son pays et contribue à accroître les connaissances sur le Pacifique. En outre, ses descriptions des populations locales constituent un témoignage de grande importance pour l'ethnographie.

POUR ALLER PLUS LOIN

SOURCES BIBLIOGRAPHIQUES

- Cook (James), *Relations de voyage autour du monde*, Paris, La Découverte, 2006.
- Devèze (Michel), *L'Europe et le Monde à la fin du xviiie siècle*, Paris, Albin Michel, 1970.
- « La contre-attaque des chronomètres (1772-1788) », in Charliat (Pierre-Jacques), *Histoire universelle des explorations. Le temps des grands voiliers*, t. 3, Paris, Nouvelle librairie de France, 1959.
- « La découverte du Pacifique (1763-1772) », in Charliat (Pierre-Jacques), *Histoire universelle des explorations. Le temps des grands voiliers*, t. 3, Paris, Nouvelle librairie de France, 1959.
- « Les trois expéditions du capitaine Cook, 1768-1780 », in Brosse (Jacques), *Les tours du monde des explorateurs. Les grands voyages maritimes. 1764-1843*, Paris, Bordas, 1983.
- Mousnier (Roland) et Labrousse (Ernest), *Le xviiie siècle. L'époque des « Lumières ». 1715-1815*, Paris, PUF, 1985.

SOURCES COMPLÉMENTAIRES

- « Cook, James » in Howgego (Raymond John), *Encyclopedia of exploration to 1800*, Sidney, Hordern House, 2003.
- Frost (Alan), *Voyage of the Endeavour : Captain Cook and the Discovery of the Pacific*, Sidney, Allen & Unwin, 2008.
- Maurice (Thiéry), *La vie et les voyages du capitaine Cook*, Paris, Roger, 1929.
- Poussou (Jean-Pierre), *Espaces coloniaux et espaces maritimes au xviiie siècle. Les deux Amériques et le Pacifique*, Paris, Sedes, 1998.

LITTÉRATURE

- HESSE (Karen), *Vers des terres inconnues*, 2002.
- ENQUIST (Anna), *Le Retour*, 2007.

FILMS ET DOCUMENTAIRES

- *Capitaine James Cook*, minisérie de Lawrence Gordon Clrak, avec Keith Michell, John Gregg et Jacques Penot, Australie et Allemagne, 1987.
- *Voyage de découverte : James Cook, la naissance d'un explorateur*, documentaires d'Anne Laking, Grande-Bretagne, 2006.
- *James Cook, explorateur du Pacifique*, documentaire de Wayne Fimeri, Australie et Canada, 2007.

MUSÉE ET MONUMENTS COMMÉMORATIFS

- Le mémorial du capitaine Cook à Canberra (Australie).
- Le monument à James Cook sur le lieu de sa mort à Hawaii.
- La baie de Cook à Moorea (Polynésie française).
- La réplique de l'*Endeavour* dans le port de Sydney (Australie).

www.50minutes.com

Éditeur responsable : Lemaitre Publishing
Rue Lemaitre 6 | BE-5000 Namur
info@lemaitre-editions.com

ISBN ebook : 978-2-8062-5456-6
ISBN papier : 978-2-8062-5634-8
Dépôt légal : D/2014/12603/71
Photo de couverture : © *Portrait de James Cook*,
par William Hodges, 1775-1776.

Conception numérique : Primento,
le partenaire numérique des éditeurs